HAUTES PAYES DE GUERRE.

INDEMNITÉS DE COMBAT. — PÉCULES.

PARIS
IMPRIMERIE NATIONALE
1918

DÉCRET

relatif à l'attribution de hautes payes de guerre et d'indemnités de combat, à l'allocation de primes d'alimentation en argent et à la constitution de pécules aux militaires mobilisés.

Paris, le 15 juillet 1918.

Rapport au Président de la République française.

Monsieur le Président,

A la date du 18 avril 1917, vous avez bien voulu revêtir de votre signature un décret relatif à l'attribution de hautes payes de guerre et d'indemnités de combat, à l'allocation de primes d'alimentation en argent et à la constitution de pécules aux militaires mobilisés.

La loi du 9 avril 1918, portant ouverture au Ministre de la guerre de crédits additionnels sur l'exercice 1918 et modifiant l'article 11 de la loi du 31 mars 1917, dispose que ces crédits seront affectés, concurremment avec ceux antérieurement prévus, au relèvement sur le taux de 3 francs par jour de l'indemnité spéciale allouée aux militaires engagés directement dans le combat à dater du 1er janvier 1918. Elle dispose, en outre, que le bénéfice de cette indemnité doit s'étendre non seulement aux soldats, caporaux et sous-officiers, mais encore aux officiers subalternes engagés directement dans le combat. Enfin elle prévoit que les 2/6 de l'indemnité de combat doivent être payés aux intéressés en même temps que le prêt ou la solde; le surplus doit être versé au pécule.

Le projet de décret ci-joint a été préparé en vue de réaliser les différentes mesures ci-dessus exposées, et en tenant compte des modifications que l'expérience a permis d'apporter au décret du 18 avril 1917.

Si vous approuvez ces propositions, nous avons l'honneur de

vous prier de vouloir bien revêtir de votre signature le projet de décret ci-joint.

Veuillez agréer, Monsieur le Président, l'hommage de notre respectueux dévoucment.

Le Ministre des finaces,
L.-L. KLOTZ.

Le Président du Conseil, Ministre de la Guerre,
Georges CLEMENCEAU.

DÉCRET.

LE PRÉSIDENT DE LA RÉPUBLIQUE FRANÇAISE,

Sur le rapport du Ministre de la Guerre et du Ministre des Finances;

Vu l'article 55 de la loi de finances du 25 février 1901;

Vu le décret du 26 mai 1904 portant règlement provisoire sur la solde et les revues des troupes coloniales stationnées dans la métropole;

Vu le décret du 22 avril 1905 sur l'ordinaire de la troupe;

Vu le décret du 10 janvier 1912 portant règlement sur la solde et les revues;

Vu le décret du 11 janvier 1913 sur les tarifs de solde et allocations individuelles en deniers régularisées sur revues;

Vu l'article 11 de la loi du 31 mars 1917 portant ouverture des crédits provisoires applicables au 2e trimestre 1917;

Vu les décrets des 18 avril et 14 juin 1917;

Vu la loi du 9 avril 1918 portant ouverture des crédits additionnels sur l'exercice 1918 et modifiant l'article 11 de la loi du 31 mars 1917,

DÉCRÈTE:

TITRE Ier. — HAUTES PAYES DE GUERRE.

ARTICLE 1er. — Les sous-officiers, caporaux et soldats qui ont satisfait aux obligations du service actif imposées par la loi de recrutement régissant leurs classes respectives et qui ont accompli, en sus, depuis la mobilisation, deux années de présence effective sous les drapeaux, ont droit à une allocation journalière dite « haute paye de guerre ».

ART. 2. — La haute paye de guerre est fixée à un taux uniforme par grade, savoir :

Sous-officier : 1 franc par jour;
Caporaux-fourriers et caporaux : 0 fr. 60 par jour;
Soldats : 0 fr. 20 par jour.

ART. 3. — La haute paye de guerre est due pour les journées de présence ou d'absence qui ouvrent, en vertu des dispositions réglementaires en vigueur, le droit à la solde ou aux indemnités de déplacement (journalière ou particlle).

ART. 4. — Les dispositions des articles 1 à 3 ne sont pas applicables aux sous-officiers, caporaux et soldats qui bénéficient d'une solde mensuelle ou d'une haute paye, soit en vertu des dispositions des lois de recrutement relatives aux engagements, rengagements ou commissions, soit en vertu des dispositions des décrets des 10 janvier 1912 et 26 mai 1904, complétés par celui du 16 janvier 1915.

ART. 5. — Les dispositions des articles 1 à 3 sont applicables aux militaires recevant la solde journalière prévue au tarif n° 4 du décret du 11 janvier 1913 (§ 1° et 2°) et au tarif n° 5 du décret du 26 mai 1904 ainsi qu'aux militaires français et étrangers recevant la solde journalière prévue par le décret du du 14 mai 1912, spécial aux troupes du Maroc.

ART. 6. — En aucun cas, la haute paye de guerre ne peut faire l'objet de délégation.

TITRE II. — INDEMNITÉS DE COMBAT.

ART. 7. — Il est alloué, à compter du 1er janvier 1918, une indemnité spéciale journalière dite « indemnité de combat », dont

le taux uniforme est de 3 francs, quel que soit le grade du béné-
ficiaire, aux officiers subalternes, sous-officiers, caporaux ou soldats qui sont engagés directement dans le combat, et que le
commandement désigne en se renfermant dans la limite des
crédits budgétaires.

ART. 8. — L'indemnité de combat est allouée par le commandement, qui indique les formations, unités ou fractions d'unités
dont les officiers subalternes, sous-officiers, caporaux ou soldats
ont eu droit à ladite indemnité.

Pour les troupes en secteur, l'autorisation de percevoir l'indemnité de combat peut être donnée d'avance pour la durée pendant laquelle lesdites troupes se trouveront directement engagées dans la défense du secteur.

ART. 9. — Dans les quinze premiers jours de chaque mois, il
est rendu compte au Ministre, par les Généraux commandant en
chef, des sommes allouées au titre des indemnités de combat
pendant le mois précédent.

TITRE III. — DISPOSITIONS COMMUNES AUX HAUTES-PAYES DE GUERRE ET AUX INDEMNITÉS DE COMBAT.

ART. 10. — Les hautes payes de guerre et les indemnités de
combat sont perçues et régularisées dans les mêmes formes que
la solde.

ART. 11. — La moitié des hautes payes de guerre et le tiers
des indemnités de combat sont versés aux bénéficiaires en même
temps que le prêt ou la solde, le surplus étant réservé en vue
de la constitution des pécules individuels, ainsi qu'il est dit au
titre V.

TITRE IV. — PRIMES D'ALIMENTATION.

ART. 12. — Les prestations de vivres en nature sont en principe
remplacées par des primes d'alimentation en argent.

Toutefois, en ce qui concerne les armées en campagne, les généraux commandant en chef peuvent, sous leur responsabilité et à charge d'en rendre compte au Ministre de la guerre, suspendre l'application de cette mesure dans les formations où ils le jugent nécessaire. Ces formations perçoivent alors leurs vivres en nature en se conformant aux dispositions des règlements sur l'alimentation en campagne.

TITRE V. — CONSTITUTION DES PÉCULES.

ART. 13. — Les sommes réservées sur le montant des hautes payes de guerre et indemnités de combat, ainsi qu'il est dit à l'article 11, sont affectées à la constitution de pécules individuels au profit des officiers subalternes, sous-officiers, caporaux et soldats bénéficiaires desdites hautes payes et indemnités de combat.

Aucun versement ne peut être fait au pécule en sus des sommes qui y sont obligatoirement affectées.

ART. 14. — La constatation des sommes successsivement versées aux pécules individuels est effectuée sur des carnets spéciaux dits « Carnets de pécule » qui sont établis de façon à permettre l'apposition, par les soins du commandant de l'unité ou de l'officier payeur pour les officiers et sous-officiers à solde mensuelle, de timbres spéciaux dits « timbres de pécule » représentatifs de la valeur des versements.

ART. 15. — Les carnets de pécule constatant les droits des intéressés restent en principe entre les mains des titulaires ; toutefois, ceux-ci ont la faculté de les confier en dépôt aux commandants d'unité, qui en donnent récépissé et les conservent avec la comptabilité de l'unité. En cas de perte, un nouveau carnet est délivré à l'homme pour l'inscription de ses droits à venir et les droits préexistants sont rappelés sur ce nouveau carnet.

Les carnets de pécule terminés à la fin de chaque période annuelle sont remis aux titulaires ou transmis sur leur demande, par les commandants d'unité, au chef du bureau spécial de comptabilité du dépôt qui les conserve avec sa comptabilité.

Art. 16. — Le montant des feuilles de prêt est perçu par les commandants d'unité ou de détachement à la caisse des officiers payeurs ou des officiers trésoriers, savoir : en espèces, pour la partie concernant les sommes payables en espèces, et en timbres, pour la partie concernant les sommes à verser aux pécules individuels.

Art. 17. — Dans les formations des armées en campagne, le montant des états de solde est perçu par les officiers payeurs auprès du Service de la Trésorerie et des postes aux armées, partie en espèces, partie en timbres, de manière à permettre le règlement des feuilles de prêt dans les conditions prévues à l'article 16. L'indemnité de combat revenant aux officiers et sous-officiers à soldes mensuelle est perçue sur états de solde des officiers et sous-officiers à solde mensuelle, partie en espèces, partie en timbres.

Art. 18. — Dans les formations placées sous les ordres des Généraux commandant les régions, les états de solde sont perçus intégralement en espèces par les officiers trésoriers à la caisse des comptables du Trésor ; sur les fonds ainsi reçus, les officiers trésoriers achètent chez les receveurs des postes désignés à cet effet les quantités de timbres qui leur sont nécessaires pour régler les feuilles de prêt dans les conditions prévues à l'article 16.

Art. 19. — Les pécules sont payables aux titulaires lors de leur libération et, en ce qui concerne les militaires de carrière, à la démobilisation s'ils n'ont pas été libérés antérieurement. A cet effet, le commandant de l'unité administrative à laquelle appartient le militaire, au moment de sa libération arrête en toutes lettres sur le carnet de pécule la somme totale due qui correspond à la valeur des timbres de pécule, porte l'indication de la commune dans laquelle le militaire déclare posséder son domicile légal ou vouloir se retirer, et certifie, par sa signature, les mentions ci-dessus. Les carnets de pécule des officiers sont arrêtés par le chef de corps ou de service.

Art. 20. — Les pécules sont payables à la caisse du percepteur de la réunion dont fait partie la commune dans laquelle le militaire a son domicile légaliou dans laquelle il a déclaré vouloir se retirer ou dans le lieu de garnison. Toutefois, les carnets remplaçant les carnets de pécule perdus ne peuvent être payés que par le percepteur de la réunion dont fait partie la commune dans laquelle le militaire a son domicile légal. Pour les militaires de l'armée active, le pécule sera payable dans les conditions sus-indiquées au lieu de garnison où ils seront affectés à la démobilisation.

Art. 21. — En cas de décès ou de disparition dûment constatée, les pécules sont attribués :

1° A la veuve;

2° A défaut, aux descendants en ligne directe, ou, le cas échéant, à leurs représentants;

3° A défaut de veuve et de descendants en ligne directe, aux ascendants, étant spécifié que, dans les cas prévus aux paragraphes 2 et 3, l'attribution est faite par parts égales entre les parents du même degré.

En cas de séparation de corps prononcée contre elle, ou, en cas de divorce, la femme d'un militaire ne peut prétendre au pécule qui se trouve alors dévolu aux descendants en ligne directe, ou, à défaut, aux ascendants.

Si le titulaire n'a laissé ni veuve, ni descendants en ligne directe, ni ascendants, le pécule fait retour à l'État, et, s'il s'agit d'un militaire disparu, le carnet de pécule est remis au Trésor à l'expiration d'un délai de six mois.

Le militaire disparu reparaissant après la remise au Trésor de son carnet de pécule recevra un nouveau carnet pour l'inscription de ses droits à venir et les droits préexistants seront rappelés sur ce nouveau carnet.

Jusqu'à la publication d'un décret à intervenir, les sommes attribuées en vertu du présent article ne pourront être que celles réellement inscrites au carnet de pécule, sans majoration d'aucune sorte.

ART. 22. — Dans les cas visés au précédent article, les pécules sont payables par le percepteur de la réunion dont fait partie la commune dans laquelle les ayants droit ont leur domicile légal, sur présentation du carnet de pécule et production des pièces justificatives des qualités des ayants droit, après liquidation par le Commandant du dépôt du corps auquel appartient le titulaire et visa du Trésorier-Payeur général du département où doit avoir lieu le payement.

ART. 23. — L'indemnité de combat revenant aux officiers sans troupe est comprise sur les mandats individuels en distinguant la partie à payer en espèces de celle devant être payée en timbres.

Les timbres-pécules sont apposés sur leur carnet par le payeur qui leur remet leur solde ; ils sont ensuite oblitérés par le payeur au moyen de son cachet.

A la libération, ou en cas de décès ou de disparition dûment constatée, ou à la démobilisation en ce qui concerne les officiers de l'armée active, le carnet de pécule est arrêté par le chef de service.

ART. 24. — Les pécules sont incessibles et insaisissables.

ART. 25. — En ce qui concerne les militaires indigènes des troupes coloniales, un règlement spécial déterminera le régime des primes d'alimentation et fixera les conditions de constitution du pécule.

Art. 26. — Le décret du 18 avril 1917 et celui du 14 juin 1917 sont abrogés.

Fait à Paris, le 15 juillet 1918.

R. POINCARÉ.

Par le Président de la République.

Le Ministre des Finances,
L.-L. KLOTZ.

Le Président du Conseil, Ministre de la Guerre,
Georges CLEMENCEAU.

INSTRUCTION

pour l'application du décret du 15 juillet 1918 relatif à l'attribution de hautes payes de guerre et d'indemnités de combat, à l'allocation de primes d'alimentation en argent et à la constitution de pécules aux militaires mobilisés.

Paris, le 15 juillet 1918.

TITRE Ier. — HAUTES PAYES DE GUERRE.

ARTICLE 1er a). — Les hautes payes nouvelles créées par l'article 11 de la loi du 31 mars 1917 ne doivent pas être confondues avec les hautes payes d'ancienneté; c'est pourquoi il leur est donné la dénomination spéciale de « hautes payes de guerre ». Elles sont exclusives les unes des autres; la loi susvisée dispose, en effet, expressément, que les hautes payes nouvelles ne peuvent être attribuées qu'aux hommes de troupe « ne bénéficiant pas déjà d'une haute paye », et elle ajoute « ou d'une solde mensuelle », la haute paye étant en effet incluse dans la solde mensuelle.

Les hautes payes qui étaient dues à la date de la promulgation du décret du 18 avril 1917, c'est-à-dire celles pour lesquelles les bénéficiaires tiraient leurs droits:

Soit des dispositions des lois de recrutement applicables aux militaires de l'armée active qui servent au delà de la durée légale, en vertu d'un contrat d'engagement, de rengagement ou d'une commission;

Soit des dispositions du décret du 16 janvier 1915 aux termes duquel « les militaires à solde journalière qui, du fait d'un engagement, d'un rengagement ou d'une commission percevaient une haute paye au moment où ils ont quitté l'armée active recouvrent le droit à la haute paye ainsi acquise », continuent d'être allouées à leurs bénéficiaires dans les mêmes conditions que par le passé.

Il existe donc deux catégories de hautes payes :

1° Des « hautes payes » d'ancienneté, qui restent soumises aux règles anciennes maintenues en vigueur ;

2° Des « hautes-payes » de guerre, qui sont exclusivement soumises aux dispositions du décret du 15 juillet 1918, précisées dans la présente Instruction.

Article 1er b). — Le droit à la haute paye de guerre est acquis aux sous-officiers, caporaux et soldats qui comptent deux années de service militaire effectif accomplies depuis la mobilisation, en plus de la durée légale du service actif auquel ils étaient assujettis par la loi de recrutement sous le régime de laquelle étaient placées leurs classes respectives.

Il y a lieu de remarquer que la condition de présence effective sous les drapeaux n'est exigée qu'en ce qui concerne les services accomplis depuis la mobilisation, en sus de la durée légale du service actif ; cette condition étant remplie, la haute paye de guerre est due, quelle que soit la durée du service réellement accompli dans l'armée active, et quand bien même, par le jeu des dispositions de la loi de recrutement, les intéressés n'auraient, en fait, accompli aucun service dans cette armée.

Il résulte des travaux parlementaires qui ont précédé le vote de la loi du 31 mars 1917 :

1° Que tous les hommes actuellement mobilisés et appartenant aux classes antérieures à celles qui étaient présentes sous les drapeaux au moment de la déclaration de guerre, c'est-à-dire aux classes 1888, 1889 à 1904, 1905 à 1910 auront droit à la haute paye, à la seule condition de compter deux années de présence sous les drapeaux depuis la mobilisation ;

2° Que les hommes des classes sous les drapeaux au moment où la mobilisation est survenue (classes 1911, 1912 et 1913) auront droit à la haute paye lorsqu'ils compteront deux années de service en sus de la durée légale, c'est-à-dire un total de quatre années pour les classes 1911 et 1912 régies par la loi de 1905 et un total de cinq années pour la classe 1913, régie par la loi du

7 août de cette année; cette condition a été ou sera réalisée respectivement en octobre 1916, octobre 1917 et octobre 1918;

3° Que les hommes des classes appelées depuis la mobilisation (classes 1914 à 1918) et régies par la loi de 1913 auront droit à la haute paye lorsqu'ils compteront deux ans de service en sus de la durée légale, soit un total de cinq années, c'est-à-dire respectivement en septembre 1919 (classe 1914), décembre 1919 (classe 1915), etc. (1).

Art. 2. — Les taux de la haute paye de guerre sont uniformes par grade, pour toutes les armes; ils ne sont pas, comme ceux de la haute paye d'ancienneté, susceptibles d'augmentation avec la durée du service.

Art. 3. — Les règles d'allocation de la haute paye d'ancienneté (tableaux 4, annexés aux décrets des 10 janvier 1912 et 26 mai 1904) ne sont pas applicables à la haute paye de guerre qui suit les mêmes règles que la solde (tableaux 1, annexés aux mêmes décrets).

Il en résulte que la haute paye de guerre :

1° N'est pas due pour les journées d'absence ne donnant pas droit à la solde ;

2° Est versée à l'ordinaire, dans les mêmes conditions que la solde pour les caporaux et soldats punis de prison ;

3° Ne donne droit à aucun des avantages spéciaux attachés à la situation de rengagé assurés aux bénéficiaires de la haute paye d'ancienneté.

Elle est due toutefois intégralement, par exception aux règles admises pour le droit à la solde (décret du 5 juin 1913), aux militaires recevant l'indemnité partielle de déplacement.

---

(1) Les dates ci-dessus ne sont données qu'à titre d'indication; la date à partir de laquelle le droit à la haute paye de guerre est ouvert résulte de la date exacte de l'incorporation du militaire.

Art. 4. — Sans observations.

Art. 5. — Les dispositions relatives à la haute paye de guerre sont applicables aux catégories de militaires visées à l'article 5 du décret, ainsi qu'aux militaires qui leur sont assimilés pour la solde, à l'exclusion des militaires indigènes des troupes métropolitaines et coloniales et des militaires bénéficiant de soldes spéciales.

Art. 6. — Sans observations.

TITRE II. — INDEMNITÉS DE COMBAT.

Art. 7 *a*). — Le taux de l'indemnité de combat est unique ; il ne peut être alloué d'indemnité fractionnée.

Art. 7 *b*). — A la différence de la haute paye de guerre, l'indemnité de combat est applicable à tous les officiers subalternes, sous-officiers, caporaux ou soldats français, étrangers ou indigènes engagés directement dans le combat.

Art. 7 *c*). — Le Ministre fixe à chaque Général commandant en chef la quote-part qui est attribuée aux troupes placées sous ses ordres dans le crédit budgétaire total affecté à l'allocation des indemnités de combat.

Art. 8 *a*). — L'indemnité de combat ne peut, en aucun cas, être perçue d'office ; le droit à cette indemnité résulte, pour les officiers pouvant y prétendre depuis le 1er janvier 1918 comme pour les homme de troupe, de l'autorisation expresse du commandement.

Art. 8 *b*). — Les Généraux commandant les armées, les détachements d'armée ou les groupements opérant isolément et relevant directement du Général commandant en Chef, indiquent quelles sont les grandes unités sous leurs ordres auxquelles l'indemnité de combat peut être donnée. Les Commandants de ces grandes unités indiquent alors en détail les différents corps de troupe qui sont susceptibles de recevoir l'indemnité de combat.

Art. 8 c). — L'indemnité de combat ne peut être allouée, dans la guerre de mouvement, qu'aux troupes engagées directement dans le combat ; le stationnement de troupes dans une zone où se poursuivent des combats n'est pas suffisant pour justifier l'allocation de l'indemnité de combat.

Dans la guerre de tranchées, l'indemnité de combat est donnée aux troupes en tranchées affectées à la défense d'un secteur. Afin d'éviter un renouvellement inutile d'autorisations journalières, le Commandement a la faculté de décider que l'autorisation initiale de percevoir l'indemnité de combat est valable jusqu'au jour de la relève, sous condition que des additifs ou rectificatifs pourront modifier la désignation des troupes bénéficiaires.

Art. 9. — Le Commandement a le devoir absolu de surveiller l'attribution des indemnités de combat, de façon que ces allocations soient strictement réservées aux cas dans lesquels les troupes sont réellement et directement engagées dans un combat ; à cet effet, il se fait rendre compte chaque mois des ordres donnés à cet égard et de la dépense qu'ils ont entraînée. Les Généraux commandant en chef font parvenir les résultats et les comptes rendus au ministère de la Guerre sous le timbre de la 5me Direction (Bureau de la solde).

TITRE III. — DISPOSITIONS COMMUNES AUX HAUTES PAYES DE GUERRE ET AUX INDEMNITÉS DE COMBAT.

Art. 10 et 11. — Sans observations.

TITRE IV. — PRIMES D'ALIMENTATION.

Art. 12. — Le remplacement des allocations de vivres en

nature par des primes d'alimentation en argent a fait l'objet de deux circulaires :

1° L'une, la circulaire 131 C/5, du 25 février 1917 (*B. O. É. c.* n° 14, 2 avril 1917), applicable aux formations placées sous les ordres des Généraux commandant les régions ; il n'est rien changé à ses dispositions par la présente instruction ;

2° L'autre, la circulaire 273 D C/5, du 20 mars 1917 (*B. O. É. c.* n° 15, 9 avril 1917), applicable aux troupes en campagne. Celles des dispositions de cette circulaire relatives au remplacement des prestations en nature par des indemnités en deniers sont maintenues en principe. Mais le général commandant en chef les armées du Nord et du Nord-Est et le général commandant les armées alliées à Salonique (usant de la faculté qui leur est laissée d'appliquer les dispositions du 2° alinéa de l'article 12 du décret) en ont suspendu l'application. Par contre, sont supprimées les dispositions de la circulaire du 20 mars 1917 précitée concernant la répartition des économies réalisées sur la gestion de l'ordinaire. Ces économies, en conformité avec les dispositions de l'article 11 du règlement du 22 avril 1905, serviront à améliorer l'ordinaire et à constituer le boni.

TITRE V. — CONSTITUTION DES PÉCULES.

ART. 13. — En ce qui concerne les militaires faisant partie des armées en campagne, les pécules pourront se trouver alimentés par l'une ou l'autre ou tout à la fois par les deux catégories de recettes ci-après :

1° Moitié des hautes payes de guerre ;

2° Deux tiers des indemnités de combat.

En ce qui concerne les militaires faisant partie des formations placées sous les ordres des généraux commandant les régions, les pécules ne seront constitués que par la moitié des hautes payes de guerre.

ART. 14 *a*). — Il est remis à tout sous-officier, caporal ou soldat, qu'il soit affecté à une formation des armées en campagne ou à une formation du territoire, un livret spécial, dit « Carnet de pécule », qui constitue le titre nominatif au vu duquel les pécules qui auront pu être constitués seront ultérieurement liquidés et payés.

Les officiers subalternes reçoivent un carnet de pécule lorsqu'ils ont droit pour la première fois à l'indemnité de combat.

Art. 14 *b*). — Le commandant de l'unité, avant de remettre les carnets de pécule aux intéressés, porte sur le recto de la couverture toutes les mentions d'identité prévues par le libellé de l'imprimé, au vu des renseignements figurant au livret matricule ou au livret individuel; toutes les affectations successives du militaire doivent être, au fur et à mesure qu'elles se produisent, inscrites dans le cadre réservé à cet effet dans le bas du recto de la couverture du carnet.

Il reproduit, en outre, sur les cases en grisé réservées à cet effet dans le haut des pages 1, 3, 5, 7, 9 et 11 du carnet, les nom et prénoms du titulaire du carnet. Cette prescription devra être rigoureusement observée ; elle a pour but d'identifier les différentes parties du carnet, de telle sorte que les titulaires ne puissent, afin de tirer un profit immédiat de leur pécule, échanger à vil prix des feuilles timbrées de leur propre carnet contre des feuilles non timbrées ou revêtues de timbres d'une valeur moindre, détachées des carnets appartenant à d'autres militaires.

Art. 14 *c*). — Les versements faits au pécule individuel sont constatés au moyen de timbres spéciaux dits « timbres de pécule » d'une valeur de 1 franc (petit modèle couleur verte), de 2 francs (petit modèle couleur rouge), de 5 francs, de 10 francs et de 20 francs (grand modèle de dimension double couleur violette); ces timbres de pécule sont d'anciennes figurines retirées du service des retraites ouvrières et paysannes qui ont été aménagées en vue de leur utilisation pour la constatation des pécules

militaires par des surcharges en noir comportant la mention :
« PÉCULE GUERRE » et l'indication de la valeur : 1 franc, 2 francs,
5 francs, 10 francs ou 20 francs.

ART. 14 *d*). — L'apposition des timbres sur les carnets de
pécule a lieu en même temps que le payement du prêt ou de la
solde ; chaque militaire doit donc recevoir à ce moment, soit de
l'officier payeur, s'il s'agit d'un officier ou d'un sous-officier à
solde mensuelle, soit du commandant de l'unité s'il s'agit d'un
homme de troupe :

a) *En espèces :*

1° Le montant de sa solde proprement dite ;

2° Le montant de la moitié de sa haute paye de guerre, c'est-
à-dire, suivant son grade, 0 fr. 50, 0 fr. 30 ou 0 fr. 10 par
journée de présence, s'il n'est pas titulaire d'une haute paye proprement dite ou d'une solde mensuelle (auxquels cas ladite
haute paye ou solde mensuelle lui est versée intégralement en
espèces) ;

3° Le montant du tiers des indemnités de combat ;

b) En timbres, que le commandant de l'unité ou l'officier
payeur, ou son délégué, appose immédiatement sur le carnet de
pécule :

1° La moitié de sa haute paye de guerre, sous la réserve
figurant au n° 2 du paragraphe *a* ci-dessus ;

2° Les deux tiers des indemnités de combat.

ART. 14 *e*. — Les timbres apposés sur les carnets de pécule
sont oblitérés au moyen d'un timbre humide portant les numéros
du régiment et de la compagnie.

ART. 14 *f*). — La valeur minima des timbres de pécule
étant de 1 franc, il s'ensuit que les versements aux pécules ne
peuvent avoir lieu que par sommes arrondies au franc.

A cet égard, il est prescrit que, lorsque le montant cumulé :

1° De la moitié de la haute paye de guerre,

2° Des deux tiers de l'indemnité de combat,

comporte des centimes, la somme à verser au pécule sous forme de timbres est arrondie, savoir :

Au franc inférieur, pour tous les prêts afférents à la première quinzaine de chaque mois ;

Au franc supérieur, pour tous les prêts afférents à la deuxième quinzaine de chaque mois.

EXEMPLE :

Cas d'un soldat du front ayant droit à la haute paye de guerre, vivant à l'ordinaire, et comptant 9 jours de présence, dont 2 donnant droit à l'indemnité de combat pendant la quinzaine du prêt à régler.

Il lui est dû : 10 fr. 05, suivant détail ci-après :

Solde : 9 × 0 fr. 25 . . . . 2^f 25^c

Haute paye de guerre 9 × 0,20 . . . . 1 80

Indemnité de combat 2 × 3 fr . . . . 6 co

TOTAL . . . . 10^f 05^c

A) S'il s'agit d'un prêt du 1er au 15, il lui est payé :

En timbres : la moitié de 1,80, plus les deux tiers de 6, c'est-à-dire : $\frac{1,80}{2} + \frac{6 \times 2}{3} = 4,90$, soit en somme arrondie au franc inférieur . . . . 4^f 00^c

En argent : la différence, soit . . . . 10,05 − 4 = 6 05

B) S'il s'agit d'un prêt du 16 au 30 ou 31, il lui est payé :

En timbres : la moitié de 1,80, plus les deux tiers de 6, c'est-à-dire : $\frac{1,80}{2} + \frac{6 \times 2}{3} = 4,90$, soit en somme arrondie au franc supérieur . . . . 5^f 00^c

En argent : la différence, soit . . . . 10,05 − 5 = 5 05

ART. 14 g). — Au moment de l'apposition des timbres, le

commandant de l'unité ou l'officier-payeur, ou son délégué inscrit à l'encre, dans la case latérale grisée réservée à cet effet. à droite des cases afférentes à chaque quinzaine, la valeur des timbres apposés pour le prêt en voie de règlement. Cette prescription devra être rigoureusement observée : elle a pour but d'éviter le trafic ultérieur des timbres entre militaires.

Art. 15 *a*. — Le 1ᵉʳ et le 16 de chaque mois pour les troupes en campagne placées sous les ordres des généraux commandant en chef, le commandant d'unité établit pour la quinzaine écoulée un état modèle A comportant l'indication des sommes versées au pécule pour le compte de chaque homme de troupe comptant à l'effectif de l'unité.

L'état modèle A concernant les officiers et sous-officiers à solde mensuelle comptant à l'effectif du corps est établi par l'officier payeur le 1ᵉʳ de chaque mois pour le mois écoulé.

Le premier état modèle A établi par chaque commandant d'unité ou par l'officier payeur devra comporter :

1° Le relevé total des sommes inscrites au carnet de chaque militaire depuis l'ouverture du carnet en cours ;

2° Pour mémoire, dans la colonne « Observations », le montant du carnet de pécule afférent à la période du 1ᵉʳ avril 1917 au 31 mars 1918, le domicile légal du militaire, ainsi que le lieu où il a déclaré vouloir se retirer.

Les états modèle A sont émargés par chaque militaire, arrêtés en toutes lettres et certifiés exacts par le commandant de l'unité ou l'officier payeur. Ils sont transmis sans délai au chef du bureau spécial de comptabilité du dépôt, qui tient, à l'aide des renseignements qui lui sont ainsi fournis, une fiche nominative (modèle B) comportant enregistrement successif de toutes les sommes constituant le pécule individuel. Ces fiches sont mobiles et placées dans des boîtes correspondant aux dimensions des fiches.

En cas de mutation de l'homme, la fiche nominative (modèle B) est arrêtée en toutes lettres, signée par les membres du conseil d'administration et conservée par les soins du corps ; une copie de cette fiche est ensuite adressée au nouveau dépôt d'affectation.

Les fiches nominatives sont fournies par l'administration centrale (services du personnel et du matériel) et la dépense sera remboursée au chapitre des imprimés par les corps de troupe sur les fonds de la masse générale d'entretien ; les dépenses résultant de la confection des boîtes seront remboursées sur la production des pièces justificatives par imputation sur les crédits de la solde.

Art. 15 b). — En cas de perte des carnets de pécule, le commandant d'unité ou le chef de corps établit un rapport et l'adresse, revêtu des avis des autorités hiérarchiques, au sous-intendant qui constate les faits à l'aide d'un procès-verbal. Ce procès-verbal est ensuite envoyé au dépôt par les soins du corps.

Sur le vu de ce procès-verbal, le chef du bureau spécial de comptabilité délivre un nouveau carnet de pécule sur lequel figure à la première page l'indication en toutes lettres du montant du carnet du pécule perdu, certifiée par les membres du conseil d'administration. Il adresse ensuite, au percepteur de la réunion dont fait partie la commune dans laquelle le militaire a son domicile légal, une ampliation du procès-verbal de perte complétée par une opposition au payement sur présentation du carnet de pécule supposé perdu. Même opposition est notifiée au percepteur du lieu de garnison et de la réunion dans laquelle le militaire a déclaré vouloir se retirer.

La délivrance d'un nouveau carnet de pécule en cas de perte n'a lieu que pour les militaires sous les drapeaux.

Art. 15 c). — Pour les officiers sans troupe, l'état modèle A est établi par le fonctionnaire de l'intendance qui mandate leur solde et transmis au bureau de comptabilité régional dont relève ce fonctionnaire. Ce bureau de comptabilité régional opère, en cas de mutations, comme il est dit à l'article 15 a) ; il reçoit également, le cas échéant, le procès-verbal de perte, lui donne la destination prescrite et délivre le nouveau carnet.

Art. 15 *d*). — Les carnets de pécule perdus antérieurement à la publication de la présente Instruction seront remplacés dans les conditions indiquées ci-dessus à l'aide des documents que possède l'unité.

Art. 16 *a*). — Les commandants d'unité établissent leurs feuilles de prêt et les officiers payeurs leurs états de solde des officiers et sous-officiers à solde mensuelle dans les conditions habituelles, en y comprenant les nouvelles allocations créées par la loi du 31 mars 1917, modifiée le 9 avril 1918, c'est-à-dire haute payes de guerre et indemnités de combat.

Art. 16 *b*). — Les commandants d'unité perçoivent le montant des feuilles de prêt auprès de l'officier payeur ou de l'officier trésorier, sous forme :

1° De timbres à 1, 2, 5, 10 ou 20 francs pour la partie qui correspond aux versements à constater sur les carnets de pécule, c'est-à-dire moitié des hautes payes de guerre et deux tiers des indemnités de combat portés sur la feuille de prêt ;

2° D'espèces pour la différence.

Les commandants d'unité ont la faculté de conserver par devers eux une réserve de timbres acquise sur les fonds de l'ordinaire, de manière à n'être jamais gênés pour les versements à faire aux pécules individuels sous forme de timbres à apposer sur les carnets de pécules. Ils en sont responsables pécuniairement dans les mêmes conditions qu'ils sont responsables de l'existence des fonds dont ils ont donné quittance et non encore employés.

Art. 17. — Les officiers payeurs doivent prendre leurs dispositions pour avoir dans leur caisse, aux époques voulues, un approvisionnement suffisant de timbres de pécule.

Dans ce but, ils perçoivent le montant des états de solde auprès des payeurs du Service de la Trésorerie et des postes aux armées, partie en espèces, partie en timbres, la composition de ces derniers étant convenablement répartie par catégorie de valeur, de façon à permettre le règlement des feuilles de prêt dans les conditions prévues à l'article 16.

Art. 18. — Sans observations.

Art. 19. — Les pécules sont payables en principe aux titulaires au moment de la libération des militaires, c'est-à-dire :

Soit à la démobilisation, en général, notamment pour les militaires de carrière ;

Soit au moment du renvoi anticipé dans les foyers (classes définitivement renvoyées dans les foyers, réformes définitives). Dans ce cas, le commandant de l'unité administrative pour les hommes de troupe ou le chef de corps ou de service pour les officiers, porte sur le carnet de pécule, après l'arrêté en toutes lettres, la mention suivante, à défaut de laquelle le payement ne peut être effectué :

« Je soussigné déclare que (nom du titulaire du carnet) a été définitivement rendu à la vie civile le (date).

« (Signature.) »

La même formule devra être portée sur les carnets de pécule concernant la période du 1ᵉʳ avril 1917 au 31 mars 1918, qui ne peuvent également être présentés au payement qu'au moment de la libération définitive du titulaire.

En cas de réforme temporaire, l'homme conserve son carnet de pécule jusqu'à sa réincorporation ou jusqu'à la démobilisation de sa classe.

Les carnets de pécule ne doivent être arrêtés par les commandants d'unité administrative que dans les cas prévus ci-dessus où les pécules sont payables.

Art. 20 à 22. — Sans observations.

Art. 23 — Les états de mutations à établir par les chefs de groupe portent toutes indications utiles en vue de l'établissement des mandats individuels.

Art. 24 et 25. — Sans observations.

Art. 26. — L'instruction du 19 avril 1917 est abrogée.

Paris, le 15 juillet 1918.

Le Sous-Secrétaire d'État de l'Administration,
ABRAMI.

Modèle A.

RÉPUBLIQUE FRANÇAISE.

RÉGIMENT DE

ou

SERVICE DE

e Compagnie.

État faisant ressortir le montant des sommes acquises aux pécules individuels pendant la période du   au

NOMS et PRÉNOMS.	N° MATRICULE.	GRADE.	SOMMES ACQUISES AU PÉCULE AU TITRE DE				ÉMARGEMENT des INTÉRESSÉS.	OBSERVATIONS et mutations.
			Haute paye de guerre.	Indemnité de combat.		Total.		

ARRÊTÉ le présent état de quinzaine à la somme de

A   , le

Le Commandant de l'unité ou l'Officier payeur.

° RÉGION.

PLACE

de

PÉCULE.

MODÈLE B.

FORMAT :

Largeur .. 15 ^{c}/$_{m}$.
Hauteur ... 27 ^{c}/$_{m}$.

RÉGIMENT DE

ou

SERVICE DE

Nom
Prénoms
Classe
Recrutement de
N° au registre matricule ou à la liste matricule de recrutement
Domicile légal
Lieu où il a déclaré vouloir se retirer

Grades successifs. {

AFFECTATIONS SUCCESSIVES.

DATES.	CORPS.	UNITÉS.

COMPTE INDIVIDUEL INDIQUANT LES SOMMES SUCCESSIVEMENT ACQUISES AU PÉCULE.

Montant du carnet de pécule afférent à la période du 1er avril 1917 au 31 mars 1918.

ANNÉE.	PRÊT ou SOLDE du an.	SOMMES REVENANT À L'AYANT-DROIT au titre de chaque prêt ou de chaque mois.			TOTAUX CUMULÉS ou montants successifs du carnet de pécule.	ORSERVA-TIONS.
		Haute paye de guerre.	Indemnité de combat.	Total.		

ARRÊTÉ le présent relevé de compte à la somme de

A   , le

Les Membres du Conseil d'administration,

Le Conservateur,